BEI GRIN MACHT SICH IHR WISSEN BEZAHLT

Maßnahmen zum Management von Fehlinformationen auf Twitter. Die COVID-19-Infodemie

Essraa Ahmed

Bibliografische Information der Deutschen Nationalbibliothek:

Die Deutsche Nationalbibliothek verzeichnet diese Publikation in der Deutschen Nationalbibliografie; detaillierte bibliografische Daten sind im Internet über http://dnb.d-nb.de abrufbar.

ISBN: 9783346743176
Dieses Buch ist auch als E-Book erhältlich.

© GRIN Publishing GmbH
Nymphenburger Straße 86
80636 München

Druck und Bindung: Books on Demand GmbH, Norderstedt Germany
Gedruckt auf säurefreiem Papier aus verantwortungsvollen Quellen

Das Buch bei GRIN: https://www.grin.com/document/1285023

BACHELORARBEIT / BACHELOR'S THESIS

Titel der Bachelorarbeit / Title of the Bachelor's Thesis

„COVID-19-Infodemie: Maßnahmen zum Management von Fehlinformationen auf Twitter"

verfasst von / submitted by

Essraa Ahmed

angestrebter akademischer Grad / in partial fulfilment of the requirements for the degree of

Bachelor of Arts (BA)

Wien, 2021 / Vienna 2021

Studienrichtung lt. Studienblatt / degree programme as it appears on the student record sheet:

Bachelorstudium Publizistik- u. Kommunikationswissenschaft

Inhaltsverzeichnis

Abbildungsverzeichnis

Abstract

Faktencheck spielt im Vorhandensein von sozialen Netzwerken und der damit verbundenen Verbreitung von Fake News, Fehlinformationen und Desinformationen eine relevantere Rolle denn je. Im Rahmen dieser Arbeit werden mittels qualitativer Forschung Maßnahmen zum Management der COVID-19-Infodemie untersucht. Hierfür werden Twitter-Beiträge der Weltgesundheitsorganisation (WHO) analysiert. Im Allgemeinen stützt sich die WHO auf Empfehlungen von Expert:innen und agiert adäquat, um die Öffentlichkeit auf Fehlinformationen über COVID-19 aufmerksam zu machen und sie darüber aufzuklären. Auf diese Weise werden Menschen motiviert, Entscheidungen zu treffen, die auf faktenbasierten Informationen beruhen, um sich selbst vor den Gefahren einer Infodemie zu schützen.

Keywords: Infodemie, COVID-19, Public Health, Twitter, Fehlinformationen und Fake News, WHO

1. Einleitung

"We're not just fighting an epidemic; we're fighting an infodemic."

- Tedros Adhanom Ghebreyesus, Februar 2020.

Parallel zur sich ausbreitenden COVID-19-Pandemie haben Regierungen, Public-Health-Institutionen und Wissenschaftler:innen auch mit einer Infodemie zu kämpfen (Naeem, Bhatti & Khan, 2021, S. 143). Es handelt sich dabei um ein Phänomen, das aufgrund einer unkontrollierten Informationsflut zustande kommt und es der Öffentlichkeit erschwert, authentische Informationen zu einem Thema, in dem Falle zu einer Krankheit, von Fake News zu unterscheiden (Xu & Sasahara, 2021, S. 1; Eysenbach, 2020, S. 1).

Im Zuge der COVID-19-Pandemie nehmen die Zahlen der Nutzer:innen von sozialen Medien stark zu. Die Plattformen werden zu einem relevanten Mittel zur Kontaktpflege und zum Abruf und Austausch von Informationen zum neuauftretenden Virus. Es dauert nicht lange, bis auf diesen Plattformen falsche Behauptungen, Verschwörungstheorien und pseudowissenschaftliche Annahmen in Bezug auf Diagnose, Behandlung und Prävention des Coronavirus verbreitet werden. Es scheint unmöglich, diese falschen Meldungen nach viraler Verbreitung wieder richtig zu stellen. Auf diese Weise wird die Arbeit von Public-Health-Institutionen gefährdet (Naeem, Bhatti, & Khan, 2021, S. 143). Insbesondere spielt die Microblogging-Plattform *Twitter* eine bedeutende Rolle für gesundheitspolitische Entscheidungsträger:innen beim Betreiben von Gesundheitskommunikation. Das soziale

Medium macht den Fokus der Öffentlichkeit auf ein bestimmtes Thema deutlich und trägt zum Verständnis der Reaktionen von Nutzer:innen bei (Petersen & Gerken, 2021, S. 541).

Die COVID-19-Pandemie fordert insbesondere Gesundheitsorganisationen, Wissenschaftler:innen und Journalist:innen heraus, effektive Methoden zu entwickeln, um den Ausbruch dieser Infodemie einzudämmen. Ein notwendiger Faktor ist, hiermit sicherzustellen, dass authentische Informationen aus vertrauenswürdigen Quellen veröffentlicht und verbreitet werden (Sleigh, et al., 2021, S. 2; Patel et al., 2020, S. 188). Wenn einzelne Individuen Entscheidungen treffen, die nicht auf wissenschaftlich korrekten Fakten beruhen, können sie schädliche Konsequenzen erleiden. Auf diese Weise können Entscheidungen, die hauptsächlich auf Fehlinformationen aufbauen, langfristig zu einem gesellschaftlichen Schaden führen (Larson et al., 2011, S. 528; Lewandowsky et al., 2012, S. 108). Die vorliegende Bachelorarbeit befasst sich nun mit der Frage, inwiefern Maßnahmen zur Kontrolle der COVID-19-Infodemie seitens der WHO über Twitter angewandt wurden. Ziel ist es, ein besseres Verständnis darüber zu schaffen, wie und in welcher Weise diese normativen Empfehlungen in die Tat umgesetzt wurden, um die Öffentlichkeit aufzuklären.

2. Forschungsstand

Laufende technologische Entwicklungen in der Informationstechnologie machen den Zugriff und Abruf von Informationen zu einem einfachen Prozess, der zu einem selbstverständlichen Teil des gesellschaftlichen Alltags wurde. In Zusammenhang mit der Redefreiheit führt das in einer in Echtzeit generierten Medienlandschaft zu einer unkontrollierten Verbreitung von Gerüchten, Fehlinformationen und Desinformationen (Eysenbach, 2020, S. 5; Niemiec, 2020, S. 1). Fake News gehen viral und es scheint unmöglich, diese Meldungen wieder zu korrigieren. Das kann aktuell an der SARS-CoV-2-Pandemie beobachtet werden. Mit dem Aufkommen der COVID-19-Krise steigt die Nachfrage nach Informationen über das Virus und somit auch ihre oftmals ungefilterte Weitergabe (Scott, 2021, S. 377).

2.1 Infodemie, Fehlinformationen und Desinformationen

Die Weltgesundheitsorganisation warnte während einer Pressekonferenz zum COVID-19-Virus im Februar 2020 vor dem Ausbruch einer Infodemie, die eine ernstzunehmende Gefahr für die Arbeit des öffentlichen Gesundheitswesens darstellt. Der Generaldirektor, Dr. Tedors Adhanom Ghebreyesus, forderte Wissenschaftler:innen aus unterschiedlichen Disziplinen auf, Strategien zu entwickeln, um die Verbreitung von Fake News, Desinformationen und Fehlinformationen unter Kontrolle zu halten (Department of Global Communications, 2020). Eine Infodemie kommt zustande, wenn eine unüberschaubare Menge an Informationen zu einem bestimmten Thema, wie etwa eine Krankheit, verbreitet wird und auf diese Weise die Lösung von Problemen in diesem Themenbereich erschwert. In einer digitalen Welt wie heute führt dieses Phänomen dazu, dass die Öffentlichkeit faktenbasierte Informationen von fehlerhaften, unglaubwürdigen Informationen nicht auseinanderhalten kann (Naeem & Bhatti, 2020, S. 233). Laut Tangcharoensathien et al (2020, S.6) erfordert die Infodemiologie in der Praxis einen transdisziplinären Ansatz. Neben gesundheitspolitischen Entscheidungsträger:innen ist hier die angewandte Mathematik, Sozial- und Verhaltenswissenschaften, Kommunikations- und Informationswissenschaften, digitale Gesundheitsforschung und Datenwissenschaft wichtig. Eine Infodemie verbreitet sich unter Menschen über digitale und physische Informationssysteme (Tangcharoensathien, et al., 2020, S. 2) und führt laut der WHO zu einem *"spread of misinformation, disinformation and rumors during a health emergency"* (Vgl. Department of Global Communications, 2020). Der Begriff *Misinformation* (hier: Fehlinformationen) bezieht sich auf Inhalte, die unbeabsichtigt, etwa aufgrund eines Missverständnisses, fehlerhaft weitergeleitet wurden. Hingegen wird der englischsprachige Begriff *Disinformation* (hier: Desinformationen) verwendet, um

Informationen zu bezeichnen, die absichtlich in falschem Kontext dargeboten werden mit dem Ziel, eine Person, Forschungsgruppe oder Institution zu diskreditieren (Lazer et al., 2017, S. 4).

"Misinformation and disinformation both refer to fake or inaccurate information, and a key distinction between them lies in the intention - whether the information is deliberately created to deceive, and disinformation usually refers to the intentional cases while misinformation the unintentional." (Vgl. Wu et al., 2019, S.81)

Der Unterschied zwischen diesen beiden Begriffen wie auch die Verwendung der Bezeichnung *Fake News* ist in der Forschung nicht eindeutig geklärt, weswegen diese Ausdrücke oft alternativ zueinander verwendet werden (Lazer et al., 2017, S. 4).

Mit dem Aufkommen des COVID-19-Virus verbreiten sich falsche medizinische Informationen auf sozialen Netzwerken und haben zur Folge, dass die Grenze zwischen wissenschaftlich geprüften Fakten und ungefilterten Fehlinformationen, persönlichen Meinungen und Propaganda erlischt. Diese Tatsache bringt die Arbeit von Public-Health-Institutionen in ernstzunehmende Gefahr (Naeem & Bhatti, 2020, S. 233). Laut Eysenbach (2020, S. 1) wird die Infodemiologie mittlerweile von Institutionen des öffentlichen Gesundheitswesens und der Weltgesundheitsorganisation als relevantes Gebiet und kritischer Bereich der Praxis während einer Pandemie anerkannt. Es handelt sich dabei um ein interdisziplinäres Gebiet, das sich dem adäquaten Umgang mit verfügbaren Informationen, deren Aggregation und Analyse widmet. Aus diesem Grund wird in diesem Zusammenhang wiederholt die notwendige Zusammenarbeit von Public-Health-Expert:innen, Mediziner:innen, Epidemiolog:innen, Verhaltenswissenschaftler:innen und Statistiker:innen betont (Eysenbach, 2009, S. 9).

Naeem, Bhatti und Khan (2021, S.144) fanden in einer Studie heraus, dass Fehlinformationen zum COVID-19-Virus aus unterschiedlichen Quellen stammen. Dazu analysierten die Autoren 1225 Fake-News-Geschichten aus Onlinequellen und deckten auf, dass sich die Hälfte dieser Erzählungen auf sozialen Medien verbreitete. Die andere Hälfte der 1225 analysierten Meldungen stammt aus unterschiedlichen Quellen, darunter Politiker:innen wie Donald Trump, Boulevard-Medien, Verschwörungstheoretiker:innen und die allgemeine Öffentlichkeit (siehe Abb. 1).

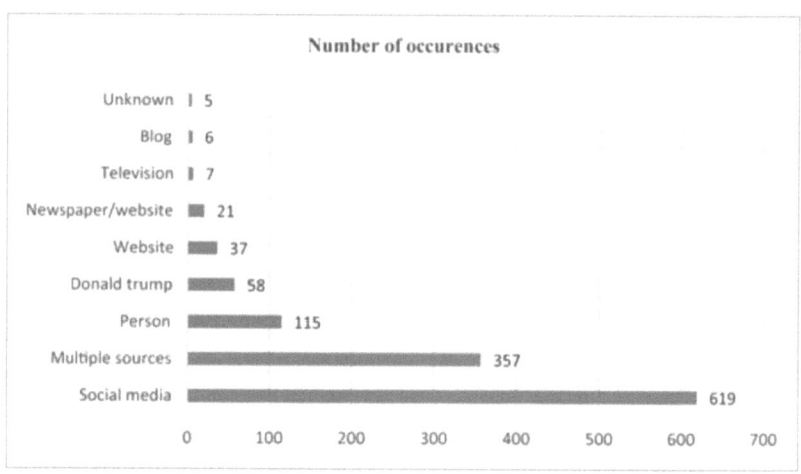

Abbildung 1: Quellen zu COVID-19-Fehlinformationen (Naeem, Bhatti & Khan, 2021, S.145)

Die Autoren stellten dabei fest, dass es drei Arten von Fehlinformationen zum Thema COVID-19 gibt: falsche Behauptungen, Verschwörungstheorien und pseudowissenschaftliche Therapien zur Behandlung einer Infektion (Naeem, Bhatti, & Khan, 2021, S. 144). Zu den falschen Behauptungen über die Übertragung, Behandlung und Prävention der Krankheit nennen Naeem, Bhatti und Khan (2021) in ihrer Studie einige Beispiele:

- *"Coronavirus can be transmitted through houseflies or mosquito bites.*
- *Drinking hot water, cow urine, methanol or alcohol has been recommended as a proven cure for COVID- 19.*
- *Israel has developed a vaccine for COVID- 19.*
- *Communities of certain ethnicity or religion (...) are to be blamed for spreading the virus (...)"* (Vgl. Naeem, Bhatti & Khan, 2021, S. 144).

Die ersten schwerwiegenden Folgen dieser Gerüchte und Fehlmeldungen konnten bereits früh nach dem Auftreten der ersten Krankheitsfälle beobachtet werden. Beispielsweise wurden in Europa mehrere 5G-Mobilfunkmasten zerstört, nachdem Fehlinformationen behaupteten, dass diese Masten das Coronavirus verbreiten könnten (Ahmed et al., 2020, S. 2). In einem weiteren Gerücht wurde behauptet, dass der Konsum von reinem Alkohol eine Infektion mit dem COVID-19-Virus heilen kann. Daraufhin starb eine Großzahl von Menschen im Iran an einer Vergiftung. Außerdem propagierten angebliche Expert:innen und Alternativmediziner:innen pseudowissenschaftliche Ratschläge, Therapien und die Einnahme von Vitaminen zur vermeintlichen Stärkung des Immunsystems. Ebenso sorgten Behauptungen des damaligen US-Präsidenten Donald Trump, COVID-19 sei ein „chinesisches Virus", für Aufregung. Er beschuldigte China für den Ausbruch der Krankheit und behauptete, die chinesische Regierung habe versucht, die Wahrheit vor dem Rest der Welt zu verbergen (Naeem, Bhatti, & Khan, 2021, S. 144).

Wie an diesen Beispielen ersichtlich, führt der Konsum von Informationen, die nicht auf wissenschaftlich geprüften Fakten beruhen, zu einer kontraproduktiven bzw. schädlichen Entscheidungsfindung, die bis zum Tod der Betroffenen führen kann (Larson et al., 2011, S. 528; Lewandowsky et al., 2012, S. 108; Naeem, Bhatti und Khan, 2021, S. 148). So kann die unkontrollierte Verbreitung von Gerüchten und Fehlinformationen die Umsetzung von Maßnahmen zur Bekämpfung der COVID-19-Pandemie erschweren. Daher ist Aufklärung und die Bereitstellung von authentischen Informationen aus vertrauenswürdigen Quellen ein essenzieller Aspekt zur Prävention und Kontrolle der Pandemie und Infodemie (Patel et al., 2020, S. 189). Auch wenn eine Infodemie nicht komplett verhindert werden kann, ist es dennoch möglich, mittels adäquater Maßnahmen ihren Ausbruch einzudämmen (Tangcharoensathien et al., 2020, S. 2).

2.1 Twitter in Public Health und Pandemie

In den vergangenen Jahren entwickelten sich soziale Medien immer mehr zu einem Mittel, um Informationen über private, geschäftliche und politische Ereignisse zu teilen. Auch im Bereich der Gesundheitskommunikation werden sie zu einem wichtigen Tool (Petersen & Gerken, 2021, S. 541). Insbesondere Twitter, welches als eine der meistgenutzten, etablierten Social-Media-Plattformen gilt, spielt für Public-Health-Institutionen eine relevante Rolle. Neben der Möglichkeit, Millionen von Menschen zu erreichen, können Wissenschafter:innen über die Plattform gesundheitskommunikative Strategien erforschen, überwachen und bewerten. Gleichzeitig bringt Twitter ein großes Potenzial für die strategische Kommunikation von gesundheitsrelevanten Inhalten, zudem stehen Expert:innen und Ärzt:innen in direktem Austausch mit Patient:innen und Zielgruppen. Auf diese Weise kann eine kooperative Atmosphäre für alle Nutzer:innen dieser Plattform geschaffen und die Qualität der Informationsbeschaffung von gesundheitsrelevanten Inhalten verbessert werden (Sleigh, 2021, S. 2; Mheidly & Fares 2020, S. 412; Pershad et al., 2018, S.1). Des Weiteren macht die Plattform den Fokus der Öffentlichkeit auf ein bestimmtes Thema deutlich und trägt zum Verständnis der Reaktionen von Nutzerinnen und Nutzern bei (Petersen & Gerken, 2021,

S.541). Um diese Meinungen und Verhaltensweisen der Öffentlichkeit in Bezug auf gesundheitsrelevante Themen zu verdeutlichen, ist es relevant zu analysieren, wie Gesundheitsinformationen in dieser Echtzeit-Medienlandschaft generiert und weitergegeben werden (Lee & Sundar, 2013, S.519).

Besonders mit dem Ausbruch der COVID-19-Pandemie ist Twitter ein zentraler Bestandteil zur Vermittlung von gesundheitsrelevanten Inhalten geworden. Die Plattform bietet Nutzer:innen die Möglichkeit, Botschaften zur Infektionsbekämpfung und -prävention zu konsumieren und zu teilen. Bereits in der Vergangenheit spielte das Medium eine relevante Rolle bei öffentlichen Notfällen, Naturkatastrophen und Epidemien (Sleigh, 2021, S. 2). Ebenso führten COVID-19 bedingte Maßnahmen, wie Social Distancing, Lockdowns und der Übergang von Schulen ins Distance Learning, zu einer erhöhten Nutzung von sozialen Medien. Um die pandemiebedingten Vorsichtsmaßnahmen einzuhalten und gleichzeitig mit Familienmitgliedern in Kontakt zu bleiben, bedienten sich immer mehr Menschen der sozialen Netzwerke (Saud, Mashud & Ida, 2020, S.11). Trotz der zahlreichen Vorteile, die die Microblogging-Plattform bietet, verursacht die Verbreitung von Fehlinformationen und Fake News über das Coronavirus auch hier ein gravierendes Problem (Swetland, et al. 2021, S. 7-8). Frühere Studien, die sich dem Thema Public Health auf sozialen Netzwerken widmeten, zählten die hohe Rate an Fehlinformationen und die Schwierigkeiten bei der Überprüfung der Glaubwürdigkeit von Quellen zu den Risiken, die mit der Nutzung von Twitter in diesem Bereich verbunden sind (Pershad et al., 2018, S.8). Eine aktuelle Studie zeigt, dass ein Viertel der geteilten Tweets zum Thema COVID-19 im erhobenen Zeitraum (März 2020 bis April 2020) Fehlinformationen beinhalten. Glaubwürdige Inhalte würden hauptsächlich mit blauem Abzeichen verifizierte Accounts von Fachleuten, wie Ärzt:innen, Behörden des Gesundheitswesens und Regierungen teilen (Swetland, et al. 2021, S. 7-8). Im Vergleich dazu stammen Beiträge mit falschen Behauptungen eher von Personen, die eine geringe Anzahl an Abonnent:innen haben und nicht von Twitter mit einem blauen Haken verifiziert sind. Es wurde auch mehrfach gezeigt, dass die Plattform eine Quelle für die Verbreitung von Verschwörungstheorien während Krankheitsausbrüchen ist und sich die Öffentlichkeit nicht auf dort vorhandene Gesundheitsinformationen zum Thema COVID-19 verlassen sollte (Brennan et al., 2020, S. 5; Kouzy et al, 2020, S. 1; Swetland et al., 2021, S. 11). Swetland et al. (2021, S. 11) empfehlen eine Überwachung von Twitter-Beiträgen, um sicherzustellen, dass unglaubwürdige Inhalte, Gerüchte und Fake News so weit wie möglich aus der Medienlandschaft entfernt werden. Dazu sind eine verbesserte staatliche Regulierung und angepasste Algorithmen mittels künstlicher Intelligenz notwendig.

2.2 Maßnahmen zum Management der Infodemie

Anlässlich des Aufrufs der Weltgesundheitsorganisation, Maßnahmen für den Kampf gegen die Verbreitung von Fake News zu entwickeln, widmeten sich Wissenschaftler:innen, Fachleute und Expert:innen aus unterschiedlichen Gebieten einer Problemlösung.

Im Kampf gegen Fake News setzten sich wissenschaftliche Akteur:innen so wie jene aus dem medizinischen Bereich für die Förderung wissenschaftlich fundierter Informationen und Fakten über COVID-19 ein. Ebenso ergriffen wissenschaftliche Fachzeitschriften Maßnahmen, um der Öffentlichkeit den Zugriff auf vertrauenswürdige Daten zum Virus zu gewährleisten. Außerdem sorgten sie für einen beschleunigten Ablauf von Peer-Review-Prozessen, um im Interesse des Public Health sowohl die Öffentlichkeit als auch Mitarbeiter:innen im Gesundheitswesen mit neuen klinischen Erkenntnissen zu COVID-19 zu versorgen (Mheidly & Fares, 2020, S. 414). Naeem, Bhatti und Khan (2021) empfehlen auf wissenschaftlichen Erkenntnissen basierende Maßnahmen, um gegen die unkontrollierte Verbreitung von Fehlinformationen vorzugehen. Zunächst betonen auch diese beiden Autoren die Notwendigkeit einer Zusammenarbeit von Wissenschaftler:innen, Expert:innen für Public Health und Journalist:innen. *"Train people how to identify and recognise fake news stories"* (Vgl. Naeem, Bhatti & Khan, 2020, S. 147). Die breite Öffentlichkeit muss geschult werden, um Unwahrheiten und Fehlinformationen als solche zu erkennen und dementsprechend richtig zu handeln. Insbesondere junge Personen müssen über das Wesen der sozialen Medien und deren sichere Nutzung aufgeklärt werden. Des Weiteren muss sich die Allgemeinheit darüber bewusstwerden, dass einzelne Personen als Gesellschaftsmitglieder sehr wohl dazu beitragen können, die Verbreitung von Fehlinformationen zu verhindern, indem sie kurz innehalten, bevor sie willkürlich Inhalte teilen. Die zweite Maßnahme lautet: *"Stop tolerating pseudoscience health practices"* (Vgl. Naeem, Bhatti & Khan 2020, S. 147). Der Schaden, den Public-Health-Institutionen aktuell durch die unkontrollierte Verbreitung von pseudowissenschaftlichen Gesundheitspraktiken zur vermeintlichen Heilung des COVID-19-Virus erleiden, darf nicht ignoriert werden. Aus diesem Grund sind Aufklärungsarbeiten seitens der Regierung bezüglich pseudowissenschaftlicher Therapien gegen das Coronavirus zwingend erforderlich. Die dritte empfohlene Maßnahme lautet: *"Swamp the landscape with accurate information"* (Vgl. Naeem, Bhatti & Khan 2020, S. 148). Die beste Methode, Fehlinformationen zu bekämpfen, besteht darin, die Medienlandschaft mit konkreten Informationen auszurüsten. Diese sollten der breiten Öffentlichkeit leicht zugänglich gemacht werden, verständlich sein und gleichzeitig die Fragen der Menschen beantworten und deren Ängste beseitigen (Tangcharoensathien, et al., 2020, S.5). Soziale Netzwerke ergriffen

Maßnahmen, um irreführende Informationen zu überwachen und zu identifizieren. Beispielsweise hat die Plattform YouTube COVID-19- Warnungen eingeführt und Kanäle, welche Verschwörungstheorien verbreiten, gesperrt (Brennen et al., 2020, S.10).

Tangcharoensathien et al. (2020, S.3) analysierten Ideen, die der WHO im Rahmen eines virtuellen Events im April 2020 von Vertreter:innen aus 111 Ländern und Regionen zum Umgang mit der Infodemie vorgeschlagen wurden. Die Empfehlungen wurden von Sprecher:innen aus zahlreichen Disziplinen vorgeschlagen, wie etwa aus der Forschung, aus öffentlichen und privaten Organisationen des Gesundheitswesens, Public-Health-Exptert:innen, aber auch Schüler:innen, Student:innen und Bürger:innen aus der breiten Öffentlichkeit. Die Analyse zeigte einen Konsens der anwesenden Sprecher:innen über die Tatsache, dass Maßnahmen und Botschaften auf wissenschaftlichen Erkenntnissen beruhen müssen. Darauf basierend kann die Öffentlichkeit Entscheidungen treffen, um sich selbst zu schützen. Dabei ist es wichtig, die Informationen und Meldungen an die jeweiligen Zielgruppen anzupassen. Auch Gemeinschaften, die Nachrichten nicht primär aus Onlinemedien konsumieren, sollen Informationen zum COVID-19 zugänglich gemacht werden. Durch die Anpassung der dargebotenen Informationen an die jeweiligen Zielgruppen sollen Rezipient:innen aus allen gesellschaftlichen Bereichen erreicht werden. Durch die rasche Informationsflut, die mit der heutigen digitalen Welt aufkommt, ist es in der Pandemie vielen Gemeinden nicht gelungen, authentische Informationen zu erhalten, die zu einer den Umständen angepassten Entscheidungsfindung führen. In diesem Zusammenhang wird die Aufstellung von international gültigen Richtlinien zur Bekämpfung von Fehlinformationen nötig, um den unkontrollierten Informationsfluss auf sozialen Medien zu verlangsamen und zu rationalisieren. Diese Richtlinien sollen laufend aktualisiert werden. Auf diesen Erkenntnissen basierend, wurden mehrere Rahmenbedingungen aufgestellt, die das Management einer Infodemie erleichtern sollen. Die Förderungen von Dialogen zwischen Gesundheitsbehörden, Regierungen und der breiten Öffentlichkeit sind essenziell, um auf spezifische Fragen und Bedenken der Menschen über COVID-19 einzugehen. Die Analyse von kursierenden Gerüchten, Erzählungen und Fake News bezüglich des Coronavirus ist relevant für adäquate politische Interventionen und die Wahrnehmung des Risikoverhaltens der Bevölkerung (Tangcharoensathien et al. 2020, S. 3-5).

Eysenbach (2020, S. 2-4) schlägt das *Cake Model* vor, um die Ebenen zu identifizieren, auf denen sich die aktuelle Infodemie abspielt. Folgende Gebiete werden dabei genannt: Wissenschaft, Politik und Praxis, Nachrichtenmedien und soziale Medien. Soziale Medien verkörpern den größten Teil des Kuchens und stellen somit die größte Gefahr für die Infodemie dar. Darauf aufbauend schlägt Eysenbach vier Säulen vor, um taktisch gegen die Verbreitung von Fehlinformationen vorzugehen (Eysenbach, 2020, S. 4). Zuerst sei es wichtig, vorhandene Erkenntnisse zum Thema COVID-19 zu bestärken, indem sie in umsetzbare Botschaften zur Verhaltensänderung dargeboten werden. Dabei ist es besonders wichtig, die Informationen an die jeweiligen Zielgruppen anzupassen, um sicherzustellen, dass sie damit erreicht werden. Als nächsten Punkt beschreibt der Autor die Wissensverfeinerung durch Faktenüberprüfung auf verschiedenen Ebenen. Beispielsweise ist auf wissenschaftlicher Ebene der Prozess des Peer-Reviews eine Methode, um Informationen laufend zu filtern und zu verbessern. Das Management einer Infodemie benötigt die Förderung, Erleichterung und Verstärkung von Filterungsprozessen, um zu vertrauenswürdigen Inhalten zu gelangen. Auch Nutzer:innen von sozialen Netzwerken tragen einen großen Teil der Verantwortung für die Auswahl und das Filtern von gesundheitsrelevanten Inhalten. Aus diesem Grund ist es wichtig, die Fähigkeit aller Beteiligten zu verbessern und Kenntnisse zu erwerben, um Fehlinformationen als solche zu erkennen (Eysenbach, 2020, S. 3-4). In diesem Zusammenhang wird in der dargelegten Literatur auf Factchecking-Plattformen (Naeem & Bhatti, 2020, 238), die Stützung auf bereits existierende Tools und Wissen und Erfahrung aus vergangenen Krankheitsausbrüchen wie Ebola und Zika hingewiesen. Ein weiterer Punkt ist die Notwendigkeit, die Öffentlichkeit im Voraus für das Thema Impfung zu sensibilisieren und aufzuklären (Tangcharoensathien et al., 2020, S. 4). Zuletzt ist auch die kontinuierliche Überwachung und Analyse von Inhalten und Informationen notwendig, um die unkontrollierte Verbreitung von Gerüchten, falschen Behauptungen und Unwahrheiten zu minimieren (Eysenbach, 2020, S. 3-4).

Mheidly und Fares (2020) empfehlen Maßnahmen, die auf Tipps von einzelnen Medienhäusern, Expert:innen und Wissenschafter:innen basieren. In dieser Checkliste werden Verantwortliche aufgefordert, die Medienlandschaft mit transparenten, nützlichen Informationen zu befüllen und dabei Fachleute in den Vordergrund zu stellen. Auf diese Weise sollen Fehlinformationen und Gerüchte anhand von Aufklärungsmaterial, Dialogförderung und Eigenberichten von Betroffenen beseitigt werden. Außerdem ist es wichtig, Accounts von Expert:innen auf Social-Media-Plattformen zu verifizieren, um diese als vertrauenswürdige Informationsquellen zu kennzeichnen. Darüber hinaus ist es wichtig, Präventionsmaßnahmen und Mental Health zu thematisieren und dabei einen empathischen Kommunikationsstil zu wahren. Außerdem ist es relevant, mittels Investitionen in die Forschung und Anpassung der Gesundheitskommunikation die Reaktionen der Öffentlichkeit zu verstehen und dementsprechend zu handeln (Mheidly & Fares, 2020, S. 414).

Wie an der angeführten Literatur ersichtlich, sind zur Minimierung von Fehlinformationen, Desinformationen und Fake News während der COVID-19-Infodemie einige Punkte hier wiederholt von Expert:innen genannt worden. Der Theorieteil zeigt, dass zum Management von Informationen aus sozialen Medien die Transparenz seitens der Verantwortlichen unumgänglich ist. Die Autor:innen betonen die Wichtigkeit, den Nutzer:innen ausreichend und regelmäßig authentische Informationen zum Thema zur Verfügung zu stellen. Gleichzeitig ist es wichtig, Aufklärungsarbeit zu betreiben und die Öffentlichkeit, vor allem junge Menschen, auf den Umgang mit Fehlinformationen zu schulen. Dabei ist es wichtig, Mitarbeiter:innen aus dem Public-Health-Bereich in den Vordergrund zu stellen, um laufend an einer Medienlandschaft mit vertrauenswürdigen Informationen zu arbeiten (Eysenbach, 2020; Mheidly & Fares, 2020; Naeem, Bhatti & Khan). Zugleich wird die Relevanz eines transdisziplinären Ansatzes betont und die notwendige Zusammenarbeit von Fachleuten aus der Mathematik, Politik, Sozial- und Verhaltenswissenschaften, Kommunikations- und Informationswissenschaften, aus der digitalen Gesundheitsforschung und Datenwissenschaft (Tangcharoensathien et al., 2020, S. 6). Auf diese wesentlichen Empfehlungen zur Kontrolle der COVID-19-Infodemie stützt sich die vorliegende Bachelorarbeit. Unter Berücksichtigung einer Forschungslücke in der Literatur werden demnach folgende Fragestellungen untersucht:

FF1: Inwiefern wurden empfohlene Maßnahmen zum Management der COVID-19-Infodemie im Zeitraum von September 2020 bis Dezember 2020 seitens der WHO auf Twitter beachtet?

FF2: In welcher Hinsicht nehmen Fachleute im Kampf gegen diese Infodemie eine Rolle ein?

FF3: Inwiefern wird Twitter-Nutzer:innen Aufklärungsmaterial zur Verfügung gestellt, um die Verbreitung von Fehlinformationen, Fake News und Desinformationen zu minimieren?

2.3 Theorie der kognitiven Dissonanz

Studien haben gezeigt, dass Nutzer:innen von sozialen Netzwerken eher Accounts von Personen verfolgen, die eine ähnliche Denkweise pflegen wie sie selbst. Der Aspekt, ob diese Accounts vertrauenswürdige Informationen teilen, bleibt dabei irrelevant. In Zusammenhang mit Fehlinformationen konnte Folgendes beobachtet werden: Individuen nehmen neue (irreführende) Informationen in ein mentales Modell auf. Diese werden mit bereits bestehenden Annahmen und Überzeugungen zu einem bestimmten Thema kombiniert und auf diese Weise ein Gedankengerüst geschaffen (Scott, 2021, S. 377). Ähnlich wie in Festingers Theorie der kognitiven Dissonanz, streben Individuen danach, persönliche Meinungen und Einstellungen mit Informationen, welche sie auf sozialen Netzwerken konsumieren, im Gleichgewicht zu halten. Werden ihnen zu ihrer Meinung widersprüchliche Informationen dargeboten, zweifeln Nutzer:innen am Wahrheitsgehalt und an der Quelle dieser Informationen und sind empfänglicher für Fake News und Fehlinformationen (Festinger et al., 1956, zitiert nach: Luengo & García-Marín, 2020; Scott, 2021, S. 377). Wenn Individuen hingegen überwiegend authentische Informationen konsumieren, werden sie nicht nur vor den negativen Auswirkungen von Fake News geschützt, auch ihre fundierte Entscheidungsfindung wird gefördert (Naeem, Bhatti und Khan, 2021, S. 148). Wichtig ist, dass diese Botschaften auf wissenschaftlichen Erkenntnissen basieren und so kommuniziert werden, dass sie Nutzer:innen zu umsetzbaren Verhaltensänderungen animieren (Tangcharoensathien, et al., 2020, S. 2). Die Grundlage, auf die Menschen eigene Meinungen und Überzeugungen aufbauen, sind von offensichtlichem öffentlichem Interesse. Vor allem besteht die Gefahr, dass Informationen, die im Widerspruch zu etablierten Fakten stehen, viral verbreitet werden. Wenn einzelne Personen falsch informiert sind, können diese ebenfalls Entscheidungen treffen, welche nicht in ihrem Interesse liegen und schwerwiegende Folgen haben können – zunächst auf der Mikroebene und langfristig auch auf der Makroebene. Die Kosten, die einer Gesellschaft durch Fehlinformationen entstehen, sind daher schwer zu ignorieren. Vor allem auf Social-Media-Plattformen sind Informationen mit Vorsicht zu genießen (Larson et al., 2011, S. 528; Lewandowsky et al., 2012, S. 108).

3. Methodischer Zugang

3.1 Erkenntnisinteresse

Wie im Forschungsstand ersichtlich gemacht wurde, ist eine Fülle an bestehender Literatur vorhanden, die mögliche Maßnahmen zum Umgang mit der COVID-19-Infodemie vorschlagen und analysieren. Diese Studien, wissenschaftlichen Literaturrecherchen und Artikel wurden überwiegend am Anfang der Pandemie erhoben und verfasst. In diesem Zusammenhang wurden Fehlinformationen und Twitter-Beiträge aus dem Zeitraum von Jänner 2020 bis spätestens April desselben Jahres untersucht. Außerdem basiert der Großteil dieser Studien auf Fragestellungen, für deren Erhebung quantitative Methoden zum Einsatz kamen. Untersuchungen, die die Anwendung von Maßnahmen zum Management der COVID-19-Infodemie anaylsieren, standen weniger im Vordergrund. Der Fokus lag überwiegend darauf, die Verbreitung von Fehlinformationen in Zahlen abzubilden (Petersen & Gerken, 2021; Sleigh et al., 2021; Mheidly & Fares, 2020; Tangcharoensathien et al., 2020; Naeem, Bhatti & Khan, 2021; Swetland et al, 2021; Kouzy et al., 2020). Das Verfassen dieser Arbeit soll die Zahlen aus früheren quantitativen Erhebungen, nachvollziehbarer machen. Wie im Forschungsstand ersichtlich wurde, eignen sich Twitter- Beiträge aus einer Vielzahl an Gründen als Untersuchungsgegenstand. Die Plattform wird von Millionen von Nutzer:innen weltweit verwendet und spielt seit Jahren eine relevante Rolle bei öffentlichen Epidemien, Naturkatastrophen und Notfällen. Das Medium bietet Forscher:innen einen freien Zugang zu Daten, welche einfach bedient und bewertet werden können (Sleigh, 2021, S. 2; Mheidly & Fares 2020, S. 412). Nachdem die Auswahl der zu untersuchenden Tweets erfolgt ist, werden diese einer qualitativen Inhaltsanalyse nach Mayring (2010) unterzogen.

Ziel der vorliegenden Arbeit ist es herauszufinden, inwieweit die empfohlenen Infodemie-Maßnahmen Anwendung bei der Kommunikation von COVID-19 bezogenen Inhalten seitens der WHO auf Twitter fanden. Hierbei werden die Beiträge einer qualitativen Inhaltsanalyse unterzogen, um die in früheren Studien erhobenen Zahlen an Fehlinformationen nachvollziehbarer zu machen. Dabei liegt der Fokus insbesondere auf der Rolle von Fachleuten bei der Kommunikation von Inhalten über COVID-19 und auf der Frage, in welcher Weise Aufklärungsmaterial dargeboten wurde.

3.2 Untersuchungsmaterial und Durchführung

Um herauszufinden, in welcher Weise die Weltgesundheitsorganisation empfohlene Maßnahmen zum Management der COVID-19-Pandemie zur Kommunikation von Inhalten auf Twitter angewandt hat, wurde eine qualitative Inhaltsanalyse durchgeführt. Die zu untersuchenden Beiträge wurden folgenden offiziellen Twitter-Accounts der Weltgesundheitsorganisation entnommen: @WHO und @WHO_Europe. Dabei fiel die Auswahl der insgesamt 250 gesammelten Tweets in englischer Sprache, auf jene Beiträge, die im Zeitraum vom 1. September 2020 bis 31. Dezember 2020 geteilt wurden und mindestens einen der folgenden Begriffe enthielten: COVID-19, Coronavirus, SARS-CoV-2, Pandemie. Auch Beiträge, die mittels Verlinkungen auf Beiträge aus offiziellen Webseiten der WHO verwiesen, die mindestens einen der genannten Begriffe enthielten, wurden Teil des Untersuchungsgegenstands. Beiträge der WHO, die im untersuchten Zeitraum in keinem Zusammenhang mit der COVID-19 Pandemie standen, wurden nicht Teil des Untersuchungsmaterials. Grund dafür ist, dass die WHO vor Ausbruch der Pandemie diese Twitter-Konten nutzte, um gesundheitsrelevante Beiträge mit den Nutzer:innen zu teilen. Nach Ausbruch der Krankheit blieben diese Inhalte weiterhin Bestandteil der Accounts, konnten dieser Arbeit aber nicht zur Beantwortung der Forschungsfragen zum Vorteil werden. Nach dem Sammeln des Materials wurde als nächstes ein Kategoriensystem gebildet. Dabei wurde deduktiv, also mit Inhalten aus der Literatur gearbeitet. Diese Kategorien stützen sich auf das wissenschaftliche Journal von Mheidly und Fares (2020), weil diese basierend auf Empfehlungen von Medienhäusern, Public-Health Expert:innen und Fachleuten, die wesentlichen Punkte zusammenfassen, die im Kampf gegen Fake News helfen sollen und ebenso im Forschungsstand dieser Arbeit wiederholt dargelegt werden. Zusätzlich konnte anhand dieses Artikels eine genaue Definition der jeweiligen Kategorie angegeben werden, die gleichzeitig als Kodierregeln galten. Auf diese Weise konnten Oberkategorien definiert werden, die wie folgt aussehen:

- **Sendezeit für Fachleute:** Live- Übertragungen, Interviews, op-eds, Podcasts, Blogs und Beiträge von Mediziner:innen, Wissenschaftler:innen, Mitarbeiter:innen des öffentlichen Gesundheitswesens, um authentische Informationen für die Öffentlichkeit bereitzustellen.

- **Präventionsmaßnahmen COVID-19:** Förderung von Empfehlungen und Verhaltensregeln zur Prävention einer COVID- 19 Infektion (Händewaschen, Masken tragen, Social- Distancing).

- **Verifizierte Accounts:** Beiträge von Fachleuten (Mediziner:innen, Wissenschaftler:innen, Mitarbeiter:innen des öffentlichen Gesundheitswesens) teilen, die einen Social- Media Account mit blauem Haken aufweisen.

- **Mental Health:** Beiträge zum Umgang von Stress und Angstzuständen während der Pandemie.

- **Empathischer Kommunikationsstil:** Einfühlsamer Kommunikationsstil, um die Aufmerksamkeit der Öffentlichkeit zu erlangen.

- **Dialoge fördern:** Nutzer:innen werden aufgefordert über Kommentarfunktion am Gespräch teilzuhaben. Personen werden aufgefordert ihre persönliche Erfahrung mit einer COVID- 19 Infektion zu teilen.

- **Stigmatisierung vermeiden:** Direkte Gesundheitskommunikation an Minderheiten und Menschen verschiedener Klassen und Ethnien. Dazu zählen auch Beiträge, die sich an Personen mit chronischen Vorerkrankungen richten.

- **Aufklärungsmaterial:** Teilen von faktenbasierten Informationen von (neuen) wissenschaflichen Erkenntnissen, um falsche Vorstellungen zu korrigieren, Verhaltensweisen zu ändern und gesunde Praktiken zu fördern.
- **Sport:** Beiträge zur Förderung von sportlichen Aktivitäten in der Pandemie.

In einem nächsten Schritt wurde das Material geordnet und inhaltlich aus dem Englischen in knappen deutschsprachigen Paraphrasen wiedergegeben. Danach wurden in Form einer zusammenfassenden Inhaltsanalyse nach Mayring, (2010, S.69-71) jene Tweets, die dieselben Inhalte thematisieren, auf das Wesentliche reduziert und den vorhandenen Kategorien zugeordnet. Über den Vorgang der Kontextanalyse (Mayring, 2010, S.90-93) konnten Wesentliche Oberkategorien aus dem vorhandenen Kategoriensystem um weitere Unterkategorien ausgeweitet werden, was eine detailreiche Analyse der Beiträge ermöglichte. In diesem Schritt wurden diese Oberkategorien mit relevanten Eckdaten, in diesem Fall die Spezialgebiete der genannten Fachleute, ergänzt. Ebenso wurden die Themen, zu welchen sich diese Fachleute im Rahmen ihrer Sendezeit äußerten, über das Material ersichtlich. Bei verlinkten Artikeln aus der WHO- Webseite wurden die Lesedauer und in welcher Sprache diese Artikel abrufbar gemacht wurden, erhoben.

4. Ergebnisse

Die Forschungsfragen der vorliegenden Arbeit sollen anhand der vorliegenden Ergebnisse beantwortet werden. Wie im Methodenteil beschrieben, wurden 250 Twitter-Beiträge von der WHO aus dem Zeitraum von September 2020 bis Dezember 2020 qualitativ analysiert. Als Erstes folgt eine Zusammenfassung der Ergebnisse. Durch die Untersuchung der Tweets, konnten einige Schwerpunkte, welche die Gesundheitsorganisation ansprach, beobachtet werden. Diese werden im vorliegenden Teil der Arbeit dargelegt:

1. Fehlinformationen und Fake News: Die Verbreitung von falschen Meldungen und pseudowissenschaftlichen Präventionsmaßnahmen von COVID-19 wird als ein vorhandenes Problem angesprochen. Die Nutzer:innen werden davor gewarnt, derartigen Meldungen und Praktiken zum Opfer zu werden. Außerdem werden sie über die Gefahren informiert, die mit falschen Handlungen einhergehen. Gleichzeitig werden faktenbasierte Informationen und Präventionsmaßnahmen vorgelegt, indem auf die Entwicklung von neuen Plattformen verwiesen wird. In diesem Zusammenhang werden Dialoge mit Nutzer:innen gefördert, um auf deren Fragen und Bedenken einzugehen.

Im Laufe des erhobenen Zeitraums wurden unter dem Hashtag #KnowTheFacts relevante Fakten zur Behandlung, Vorbeugung und Verbreitung des Coronavirus geteilt. Die WHO machte Nutzer:innen auf allgemeine Informationen zum Thema Viren aufmerksam, indem sie die Unterschiede zu Bakterien und die Unterschiede in der Behandlung von Vireninfektionen und bakteriellen Infektionen klarstellte. Außerdem wurde so die Öffentlichkeit über das Thema Antibiotika, deren Wirkung und die Gefahren einer Antibiotikaresistenz aufgeklärt und auf die Gefahren eines unkontrollierten Alkoholkonsums aufmerksam gemacht. In diesem Zusammenhang wurde auch vermehrt die Tatsache erwähnt, dass es aktuell keine Heilung für das Coronavirus gibt und es deswegen wichtig ist, sich an empfohlene Vorsichtsmaßnahmen von der WHO und Regierungen zu halten. Die Organisation warnte regelmäßig vor sich verbreitenden Falschmeldungen zum Thema COVID-19 und stellte Nutzer:innen Tipps zur Verfügung, wie sie derartige Falschmeldungen melden können. Über Verlinkungen zur WHO-Webseite wurden Anleitungen veröffentlicht, wie jede:r mithelfen kann, Fake News zu vermeiden. Außerdem wurde ständig auf die WHO-Webseite verwiesen, um aktuelle Informationen zum Thema COVID-19 abzurufen. Im Oktober 2020 kam die App *HealthBuddy+* zum Download auf Smartphones. Diese wurde speziell entwickelt, um Fehlinformationen entgegenzuwirken und Nutzer:innen Meldungen und Informationen bereitzustellen, die einem Faktencheck unterzogen wurden. Außerdem bietet die App die Möglichkeit, Fragen zu stellen und mit anderen Personen über die eigene Erfahrung mit einer COVID-19-Infektion in Austausch zu stehen. Über kostenlose Online-Kurse konnten Nutzer:innen faktenbasierte Informationen zum Coronavirus erhalten, und in verschiedenen Sprachen lernen, Bezugspersonen zu verpflegen, die an einer COVID-19-Infektion erkrankt sind. Im erhobenen Zeitraum wurden Tweets im Gesundheitswesen arbeitenden Personen gewidmet. Nutzer:innen wurden so über Maßnahmen informiert, mit denen sich Arbeiter:innen im Gesundheitswesen vor COVID-19-Infektionen oder bakteriellen Infektionen schützen. In diesem Zusammenhang wurde auf die Influenza-Impfung während der Grippezeit aufmerksam gemacht, genauso auch auf Hygienemaßnahmen, wie etwa regelmäßiges Waschen und Desinfizieren der Hände und das Tragen von Masken. Auch an besonderen Anlässen, wie etwa Halloween und Weihnachten, wurden Nutzer:innen laufend an diese Maßnahmen erinnert.

2. Sendezeit für Fachleute: Anhand von Live-Übertragungen von Pressekonferenzen und Zoom-Meetings werden Public-Health Expert:innen, Allgemeinmediziner:innen, Mitarbeiter:innen der WHO und regionalen Organisationen dieser und Politiker:innen in den Vordergrund gestellt. In diesem Zusammenhang konnte eine Dialogförderung mit der Öffentlichkeit beobachtet werden.

Anhand der Wiedergabe von Zitaten in den Beiträgen vom Generaldirektor Dr. Tedros Adhanom Ghebreyesus wurde die Öffentlichkeit an die Notwendigkeit des regelmäßigen Testens während der Pandemie erinnert und über die Tatsache informiert, dass ein Test die einzige Möglichkeit ist, um eine COVID-19-Infektion zu diagnostizieren. Die WHO teilte mittels Zitate von Dr. Tedros, laufend Informationen über die Entwicklung von Antigentests bzw. Schnelltests für die rasche Diagnose einer COVID-19-Infektion. Hierbei wurden Nutzer:innen über die Funktion solcher Tests informiert, über Sponsoren, mit deren Unterstützung eine weltweite Ausstattung von einkommensärmeren Ländern und Gebieten ohne Labore möglich wird. Auf der offiziellen Webseite der WHO wurden Aussagen über neue Erkenntnisse zu COVID-19-Testverfahren von unterschiedlichen Fachleuten, darunter Virolog:innen, Biolog:innen, Politiker:innen und jene aus dem Public-Health-Sektor und der Molekularbiologie, laufend ergänzt und in allen Weltsprachen abrufbar gemacht. Auf den Accounts standen der Generaldirektor Dr. Tedros und der europäische Regionaldirektor Dr. Hans Kluge als Sprecher bei Live- Übertragungen, Pressekonferenzen und virtuellen Events zum Thema COVID-19 im Vordergrund. Über die in Pressekonferenzen besprochenen Inhalte wurden Protokolle auf der WHO-Webseite veröffentlicht und ebenso in allen Weltsprachen abrufbar gemacht.

3. Mental Health: Ein weiterer Punkt, der im Zuge der Analyse beobachtet wurde, ist der kompetente Umgang der WHO mit dem Thema Mental Health während der Pandemie. Insbesondere in diesem Bereich fand eine ausgiebige Aufklärungsarbeit statt. Auch hier wurde eine Dialogführung im Rahmen von virtuellen Events und Zoom-Meetings gefördert.

Im Dezember wurden tägliche Posts in einem virtuellen *Winter Holidays Calendar 2020* veröffentlicht. Diese Beiträge animierten die Leserschaft, an die Sicherheit von Freunden und Familienmitgliedern zu denken und im Jahr 2020 die Feiertage zu Hause zu verbringen. Nutzer:innen werden auf die Möglichkeit, Familienmitglieder anzurufen oder online zu kontaktieren hingewiesen. Um sich selbst und andere vor einer COVID-19-Infektion zu schützen, werden alternative Formen einer Begrüßung empfohlen, wie winken, lächeln oder nicken. In diesem *Winter Holidays Calendar* wird außerdem vor Verhaltensweisen gewarnt, die während der Feiertage gefährlich werden könnten, wie etwa das Rauchen und exzessiver Alkoholkonsum. Ein weiterer Schwerpunkt, der stark über die erhobene Periode thematisiert wurde, war das Thema Mental Health. Die WHO betont, dass die psychische Gesundheit ein großer Teil des allgemeinen Wohlbefindens des Einzelnen ist und alle Menschen betrifft. Insbesondere während der COVID-19-Pandemie ist es wichtig, sich um seine eigene mentale

Gesundheit zu sorgen. Hier werden regelmäßig Zoom-Meetings und virtuelle Events mit Expert:innen veranstaltet, an denen Nutzer:innen teilnehmen und Fragen stellen können. In diesem Zusammenhang werden über Twitter- Beiträge zwei Verhaltensweisen ständig erwähnt: die Kontaktpflege zu Familienangehörigen und Freunden und das Betreiben von Sport. Außerdem werden Warnsignale genannt, die ein Indikator für eine mangelnde psychische Gesundheit sein können.

Die Ergebnisse zeigen eine Überlappung der im Methodenteil angeführten Kategorien, in Bezug auf die Vorgehensweise der WHO, um die COVID-19 Infodemie auf Twitter einzudämmen. In diesem Sinne lässt sich die Frage, *inwiefern empfohlene Maßnahmen der COVID-19-Infodemie im Zeitraum von September 2020 bis Dezember 2020 seitens der WHO auf Twitter beachtet werden,* wie folgt beantworten: Empfohlene Maßnahmen werden die zum Management der Infodemie empfohlenen Maßnahmen insofern eingehalten, als dass bei jedem angeführten Schwerpunkt, faktenbasierte und authentische Informationen zum Thema COVID-19 dargeboten werden. Diese Informationen werden auf zwei Arten präsentiert: Erstens, Hygienemaßnahmen, Präventionsmaßnahmen und Informationen über die aktuelle Lage werden unabhängig von anderen Personen, direkt an das Publikum adressiert. Zweitens, Inhalte werden von Fachleuten aus dem Public-Health-Sektor präsentiert, etwa anhand von Zitaten oder in Form einer Dialogführung mit dem Publikum. Dieser Punkt leitet über zur Beantwortung der nächsten Forschungsfrage, *in welcher Hinsicht Fachleute im Kampf gegen diese Infodemie eine Rolle einnehmen.* Im untersuchten Zeitraum stehen Public-Health-Expert:innen, Allgemeinmediziner:innen, Politiker:innen und Personal aus dem Gesundheitswesen im Vordergrund. Sie agieren als Sprecher:innen bei Pressekonferenzen, Live-Übertragungen von virtuellen Events und Interviews. In dieser Hinsicht stellen sie eine vertrauenswürdige Quelle für Informationen über das Coronavirus und über den Umgang damit dar. Nachdem diese von Fachleuten präsentierten Inhalte dem Publikum dargeboten werden, nehmen dieselben Fachleute eine Rolle bei der Dialogführung mit diesem Publikum ein. Sie dienen als Ansprechpersonen bei Fragen seitens der Öffentlichkeit und stehen im erhobenen Zeitraum auch in Zusammenhang mit dem Thema Mental Health im Vordergrund. Die Frage, *inwiefern Twitter-Nutzer:innen Aufklärungsmaterial zur Verfügung gestellt wird, um die Verbreitung von Fehlinformationen, Fake News und Desinformationen zu minimieren, kann folgendermaßen beantwortet werden:* Im untersuchten Zeitraum wird die Tatsache, dass Fehlinformationen verbreitet werden, angesprochen und die Öffentlichkeit wird über die damit verbundenen Gefahren im Umgang mit dem COVID-19 Virus, aufgeklärt. Es wird auf externe

Webseiten der WHO verwiesen und Anleitungen angeführt, wie Nutzer:innen die Verbreitung dieser Fehlinformationen eindämmen können. Zusätzlich zu Möglichkeiten über Zoom-Meetings mit Fachleuten in Kontakt zu treten und individuelle Fragen zum Coronavirus zu stellen, haben Nutzer:innen die Möglichkeit über die *HealthBuddy+* App, vertrauenswürdige Informationen abzurufen.

5. Diskussion

Um der Frage auf den Grund zu gehen, inwieweit die Weltgesundheitsorganisation empfohlene Maßnahmen zum Management der COVID-19-Pandemie auf Twitter angewandt hat, war ein tiefgehender Einblick in die Theorie und vorhandene Forschung zur Thematik notwendig. Die COVID-19-Infodemie ist eine neue Situation, die eine Herausforderung für Fachleute und Expert:innen aus unterschiedlichen Disziplinen darstellt. Die Neuwertigkeit der Situation erklärt, warum zum Thema Infodemie auf sozialen Netzwerken nur wenige Studien in der Literatur vorhanden sind. Vor allem wurden diese Studien am Anfang der Pandemie erhoben und widmeten sich der Frage, durch welche Vorgänge eine Infodemie kontrolliert werden kann. Aber zur Frage, in welcher Weise die COVID-19-Infodemie auf sozialen Medien tatsächlich minimiert wurde, ist kaum Literatur vorhanden. Die vorliegende Arbeit soll dabei helfen diese vorhandene Forschungslücke zu schließen. In diesem Teil sollen nun die vorgestellten Ergebnisse unter Beachtung des Forschungsstandes interpretiert werden, um so die Forschungsfragen dieser Arbeit zu beantworten.

Der Forschungsstand hat gezeigt, dass es sich beim Thema Infodemie um ein komplexes Forschungsfeld handelt, bei dem eine Vielzahl an Disziplinen zusammenarbeiten muss. Um gegen die aktuelle Infodemie vorzugehen, ist es vor allem wichtig, die Öffentlichkeit und Nutzer:innen auf sozialen Netzwerken mit ausreichend faktenbasierten Inhalten zum Thema COVID-19 auszustatten und Maßnahmen zu ergreifen, um die Verbreitung von pseudowissenschaftlichen Therapien zu minimieren (Mheidly & Fares, 2020, S.141; Naeem, Bhatti & Khan, 2020, S.148). Unter dem Hashtag #KnowTheFacts im untersuchten Zeitraum der vorliegenden Arbeit greift die WHO Fehlinformationen und Gerüchte bezüglich des Coronavirus auf Twitter auf. Nutzer:innen werden in diesem Zusammenhang über den Unterschied zwischen einem Virus und einer bakteriellen Infektion aufgeklärt. Diese Inhalte wurden wiederholt über den erhobenen Zeitraum präsentiert. Um den Nutzer:innen auf Twitter die Tatsache klarzumachen, dass die Einnahme von Vitaminen und der exzessive Konsum von Alkohol eine COVID-19 Infektion nicht heilen kann, wurden diese Informationen regelmäßig über den erhobenen Zeitraum wiederholt. Dabei orientierte sich die WHO an

Fehlinformationen und Fake News, die seit Beginn der Pandemie viral gehen (Naeem, Bhatti & Khan, 2021, S.144). Eine frühere Untersuchung, die sich der Korrektur von Fehlinformationen nach deren Verbreitung widmet, zeigt, dass es wichtig ist, die etablierten Fakten zu nennen, ohne diese mit der Fehlinformation zu verbinden (Lewandowsky et al., 2012, S.123). In diesem Zusammenhang wird die Öffentlichkeit auch auf die Gefahr einer willkürlichen Einnahme von Antibiotika und die damit verbundenen Risiken einer Antibiotika-Resistenz aufmerksam gemacht. Das Verhalten von Mitarbeiter:innen aus dem Gesundheitswesen im Umgang mit COVID-19-Maßnahmen wird beim Kommunizieren von Sicherheitsmaßnahmen in den Vordergrund gestellt. Auf diese Weise werden Nutzer:innen indirekt aufgefordert, Masken zu tragen, Hygienevorschriften zu beachten und sich während der Influenza-Zeit gegen diese bakterielle Infektion zu impfen. Außerdem geht die WHO transparent mit Informationen zu COVID-19-Testmöglichkeiten um.

Ein weiterer Schritt, um die Infodemie zu kontrollieren, ist es, Accounts von Expert:innen in den Vordergrund zu stellen, die vertrauenswürdige Informationen teilen (Mheidly & Fares, 2020, S.414). Fachleute, vor allem jene aus dem Public-Health-Sektor, fungieren hier als Sprecher:innen bei Zoom-Meetings, um Dialoge mit der Öffentlichkeit zu fördern und auf deren Fragen einzugehen. Virolog:innen, Biolog:innen und Molekularbiolog:innen betreiben Aufklärungsarbeit in Zusammenhang mit COVID-19-Tests, wie diese funktionieren und wie sie zusammengestellt werden. Bezüglich der Auswahl dieser Fachleute konnte eine Polarisierung beobachtet werden. Es handelt sich bei diesen Fachleuten überwiegend um Expert:innen aus dem Public-Health-Sektor oder um jene, die in regionalen Organisationen der WHO tätig sind. Hier bedarf es bezüglich der Disziplinen und Tätigkeiten der Fachleute an mehr Diversität. Personen aus dem kommunikationswissenschaftlichen Bereich und dem der Medienpsychologie sind hier notwendig, um gesundheitskommunikative Strategien anzuwenden, die effektiv wirken. Die Analyse zeigt einen Mangel an Sendezeit für Fachleute aus dem Bereich der Psychologie, Sozial- und Verhaltenswissenschaft. Diese wären im Sinne der Infodemiologie und dem Umgang damit notwendig gewesen (Tangcharoensathien et al., 2020, S. 6).

Die Ergebnisse zeigen, dass die Twitter-Seiten der WHO die Medienlandschaft mit ausreichend Informationen zu COVID-19 und dem Umgang mit der Pandemie ausstatten. Die WHO erleichtert Nutzer:innen den Zugriff auf faktenbasierte Informationen und bietet der Öffentlichkeit die Möglichkeit, Online- Kurse zu belegen, um über gesundheitsrelevante Themen ihrer Wahl aufgeklärt zu werden. Diese Informationen und Kurse werden neben Englisch in Arabisch, Mandarin, Französisch, Russisch und Spanisch zugänglich gemacht, um

Personen weltweit zu erreichen. Die Organisation stützt sich dabei an die im Theorieteil dargelegten Empfehlungen von Expert:innen und spricht pandemierelevante Punkte deutlich an. Die WHO spricht die Tatsache, dass es Fehlinformationen gibt, an und appelliert an die Nutzer:innen, gegen diese vorzugehen, indem sie Apps, Plattformen und Anleitungen zur Verfügung stellt. Die Ergebnisse zeigen ebenso einen adäquaten Umgang mit dem Thema Mental Health und die Bereitschaft von Verantwortlichen, die Öffentlichkeit zu sensibilisieren. Während des erhobenen Zeitraums teilte die WHO Beiträge über allgemeine Informationen zum Thema Impfung und ihrer Vorteile. Angesicht der Tatsache, dass in diesem Zeitraum noch kein COVID-19-Impfstoff verfügbar gewesen ist, wurden Nutzer:innen auf diese Art lange im Voraus über notwendige Informationen aufgeklärt. Dadurch können Menschen Entscheidungen treffen, die auf Fakten beruhen, und sich selbst vor den Schäden von Fehlinformationen schützen.

5.1 Limitation und Ausblick

Wie es bei jeder wissenschaftlichen Forschung der Fall ist, gehen auch mit der vorliegenden Arbeit Limitationen und zusätzlicher Bedarf an Forschung einher. Aufgrund des beschränkten Zugangs, den Twitter auf frühere Beiträge bietet, konnte nur ein kleiner Teil der im Zeitraum von September 2020 bis Dezember 2020 geteilten Tweets untersucht werden. Obwohl die 250 Beiträge, die im Rahmen dieser Arbeit analysiert wurden, einen tiefgehenden Einblick in die Arbeitsweise der WHO auf Twitter ermöglichten, waren diese nicht repräsentativ für den genannten Zeitraum. Der beschränkte Zugang auf die Beiträge, erschwerte die Analyse der Beiträge, die im Rahmen des *December Calendar 2020* erschienen. Zukünftige Forschung soll weiterhin Studien in Form von qualitativen Analysen durchführen, um zu untersuchen, welcher Methoden sich Organisationen des Public Health bedienen, um gegen Fehlinformationen vorzugehen. Vor allem im Kontext der COVID-19-Pandemie bedarf es noch an Untersuchungen und Literatur in diesem Bereich. Dieser Mangel an Literatur erschwerte das Verfassen der vorliegenden Arbeit und das Erarbeiten eines ausführlicheren Forschungsstandes. Bis dato durchgeführte Studien befassen sich mit der Relevanz, dass Maßnahmen gegen die Infodemie durchgesetzt werden müssen, aber kaum Studien widmen sich der Frage, in welcher Weise diese Maßnahmen umgesetzt werden sollen.

6. Schluss

Anhand der Durchführung einer qualitativen Inhaltsanalyse setzte sich diese Bachelorarbeit mit dem Thema COVID-19-Infodemie und dem Umgang mit Maßnahmen zur Kontrolle der

Medienlandschaft auseinander. Ziel der Arbeit war es, herauszufinden, inwiefern die WHO diese empfohlenen Maßnahmen auf Twitter umsetzte, welche Rolle Fachleute dabei einnahmen und inwiefern Aufklärungsmaterial zur Minimierung von Fehlinformationen zur Verfügung gestellt wurde. Aus den Ergebnissen lässt sich schließen, dass die im Theorieteil dargelegten Empfehlungen wesentlichen Einfluss auf die Kommunikation der WHO von COVID-19 relevanten Inhalten über Twitter haben. Die Arbeit zeigt, dass die WHO im Laufe des gesamten Untersuchungszeitraum Schritte einleitete, um die Öffentlichkeit stets über den Umgang mit Fehlinformationen zum Thema COVID-19 aufzuklären. Anhand der untersuchten Beiträge konnte insofern ein transparenter Umgang mit wissenschaftlichen Fakten über COVID-19 und den Umgang damit festgestellt werden, als dass Nutzer:innen über unterschiedliche Kanäle, Apps und Online-Kurse Zugriff auf diese hatten. Zusätzlich agierten Fachleute aus unterschiedlichen Disziplinen als Sprecher:innen im Rahmen von Zoom-Meetings und virtuellen Events, um auf individuelle Fragen und Bedenken der Öffentlichkeit einzugehen. Dabei handelte es sich, den Ergebnissen der Analyse nach, überwiegend um Public-Health-Expert:innen und Mitarbeiter:innen der WHO. Diese Feststellung weist auf eine mangelnde Diversität von Fachgebieten hin und steht im Widerspruch zum Aufruf, dass eine transdisziplinäre Zusammenarbeit im Kampf gegen die Infodemie notwendig ist (Tangcharoensathien et al., 2020, S. 6). Aufgrund des Mangels an Literatur zum Thema sollen sich zukünftige empirische Studien weiterhin mit dem Umgang von Gesundheitsorganisationen mit der Infodemie befassen. Aufgrund der Neuartigkeit des Phänomens bestehen noch große Forschungslücken in diesem interdisziplinären Bereich. Insbesondere ist es wichtig, zu verstehen, auf welche Weise Fehlinformationen zu gesundheitsrelevanten Themen auf sozialen Netzwerken bekämpft werden, um eine effiziente Gesundheitskommunikationsführung zu ermöglichen. Ich schließe mich dem Vorschlag von Petersen und Gerken (2021, S. 541) an, die Reaktionen von Nutzer:innen in zukünftiger Forschung zu analysieren, um adäquat auf deren Fragen in Bezug auf gesundheitsbezogenen Inhalten auf sozialen Netzwerken einzugehen. Indem diese untersucht werden, kann die Wirkung der angewandten Infodemiebekämpfungsmaßnahmen gemessen und optimiert werden.

7. Literaturverzeichnis

Ahmed, W., Vidal-Alaball, J., Downing, J., & Seguí, F. (2020). COVID-19 and the 5G conspiracy theory: Social network analysis of twitter data. *Journal of Medical Internet Research*, 22(5), E19458.

Brennen, J. S., Simon, F. M., Howard, P. N., & Nielsen, R. K. (2020). Types, sources, and claims of COVID-19 misinformation (Doctoral dissertation, University of Oxford).

Eysenbach, G. (2009). Infodemiology and infoveillance: Framework for an emerging set of public health informatics methods to analyze search, communication and publication behavior on the internet. *Journal of Medical Internet Research, 11*(1), E11.

Eysenbach, G. (2020). How to fight an infodemic: The four pillars of infodemic management. *Journal of Medical Internet Research, 22*(6), E21820.

Kouzy, R., Abi Jaoude, J., Kraitem, A., El Alam, M., Karam, B., Adib, E., . . . Baddour, K. (2020). Coronavirus Goes Viral: Quantifying the COVID-19 Misinformation Epidemic on Twitter. Curēus (Palo Alto, CA), 12(3), E7255.

Larson, H., Cooper, L., Eskola, J., Katz, S., & Ratzan, S. (2011). New Decade of Vaccines 5 Addressing the vaccine confidence gap. *The Lancet (British Edition), 378*(9790), 526-535.

Lazer, D., Baum, M., Grinberg, N., Friedland, L., Joseph, K., Hobbs, W., & Mattsson, C. (2017). Combating Fake News: An agenda for research and action.

Lee, J., & Sundar, S. (2013). To Tweet or to Retweet? That Is the Question for Health Professionals on Twitter. Health Communication, 28(5), 509-524.

Lewandowsky, S., Ecker, U., Seifert, C., Schwarz, N., & Cook, J. (2012). Misinformation and Its Correction: Continued Influence and Successful Debiasing. *Psychological Science in the Public Interest, 13*(3), 106-131.

Luengo, M., & García-Marín, D. (2020). The performance of truth: Politicians, fact-checking journalism, and the struggle to tackle COVID-19 misinformation. *American Journal of Cultural Sociology*, 8(3), 405-427.

Mheidly, N., & Fares, J. (2020). Leveraging media and health communication strategies to overcome the COVID-19 infodemic. *Journal of Public Health Policy*, 41(4), 410-420.

Saud, M., Mashud, M., & Ida, R. (2020). Usage of social media during the pandemic: Seeking support and awareness about COVID-19 through social media platforms. *Journal of Public Affairs, 20*(4), E02417-N/a.

Naeem, S., & Bhatti, R. (2020). The Covid-19 'infodemic': A new front for information professionals. *Health Information and Libraries Journal*, 37(3), 233-239.

Naeem, S., Bhatti, R., & Khan, A. (2021). An exploration of how fake news is taking over social media and putting public health at risk. *Health Information and Libraries Journal*, 38(2), 143-149.

Niemiec, E. (2020). COVID-19 and misinformation: Is censorship of social media a remedy to the spread of medical misinformation? *EMBO Reports*, 21(11), E51420.

Patel, M., Kute, V., Agarwal, S., & On behalf of COVID-19 Working Group of Indian Society of Nephrology. (2020). "Infodemic" of COVID 19: More pandemic than the virus. *Indian Journal of Nephrology*, 30(3), 188-191.

Pershad, Y., Hangge, P., Albadawi, H., & Oklu, R. (2018). Social Medicine: Twitter in Healthcare. *Journal of Clinical Medicine, 7*(6), 121.

Petersen, K., & Gerken, J. (2021). Covid-19: An exploratory investigation of hashtag usage on Twitter. *Health Policy (Amsterdam)*, 125(4), 541-547.

Scott, J. (2021). Managing the infodemic about COVID-19: Strategies for clinicians and researchers. *Acta Psychiatrica Scandinavica*, 143(5), 377-379.

Sleigh, J., Amann, J., Schneider, M., & Vayena, E. (2021). Qualitative analysis of visual risk communication on twitter during the Covid-19 pandemic. *BMC Public Health*, 21(1), 810.

Swetland, S., Rothrock, A., Andris, H., Davis, B., Nguyen, L., Davis, P., & Rothrock, S. (2021). Accuracy of health-related information regarding COVID-19 on Twitter during a global pandemic. *World Medical and Health Policy*, 13(3), 503-517.

Tangcharoensathien, V., Calleja, N., Nguyen, T., Purnat, T., D'Agostino, M., Garcia-Saiso, S., Briand, S. (2020). Framework for managing the COVID-19 infodemic: Methods and results of an online, crowdsourced who technical consultation. *Journal of Medical Internet Research*, 22(6), E19659.

Wu, L., Morstatter, F., Carley, K., & Liu, H. (2019). Misinformation in Social Media. *SIGKDD Explorations, 21*(2), 80-90.

Xu, W., & Sasahara, K. (2021). Characterizing the roles of bots on Twitter during the COVID-19 infodemic. Journal of Computational Social Science, *Journal of Computational Social Science*, 2021-08-30.

Buchkapitel:

Festinger, L., Riecken, H., & Schachter, S. (1964). *When prophecy fails: A social and psychological study of a modern group that predicted the destruction of the world* (1. Harper torchbook ed., Researches in the social, cultural and behavioral science). New York, NY [u.a.]: Harper & Row.

Mayring, P. (2010). *Qualitative Inhaltsanalyse: Grundlagen und Techniken* (11., aktualisierte und überarb. Aufl.. ed., Beltz Pädagogik). Weinheim [u.a.]: Beltz.

Internetquellen:

Department of Global Communications. (2020, March). UN tackles 'infordemic' of misinformation and cybercrime in COVID010 crisis. Abgerufen am 10. November 2021 von https://www.un.org/en/un-coronavirus-communications-team/un-tackling-%E2%80% 98infodemic%E2%80%99-misinformation-and-cybercrime-covid-19

Ghebreyesus Adhanom, T. (2020, 15. Februar). Münchner Sicherheitskonferenz. Abgerufen am 1. November 2021 von https://www.who.int/director-general/speeches/detail/munich-security-conference

BEI GRIN MACHT SICH IHR WISSEN BEZAHLT

- Wir veröffentlichen Ihre Hausarbeit,
  Bachelor- und Masterarbeit

- Ihr eigenes eBook und Buch -
  weltweit in allen wichtigen Shops

- Verdienen Sie an jedem Verkauf

Jetzt bei www.GRIN.com hochladen
und kostenlos publizieren